생각을 훔치다

생각을 훔치다

초판 1쇄 발행 • 2009년 12월 23일
초판 2쇄 발행 • 2011년 9월 19일

지은이 • 김수열
펴낸이 • 김영숙
편집 • 엄기수 노윤영 박지연

펴낸곳 • 도서출판 삶이보이는창
출판등록 • 2010년 11월 30일 제2010-000168호
주소 • 150-901 서울시 영등포구 영등포동2가 94-141 동아빌딩 402호
전화 • 02-848-3097 팩스 • 02-848-3094
홈페이지 • www.samchang.or.kr

ⓒ김수열, 2009
ISBN 978-89-90492-76-0 03810

* 이 책의 판권은 저작권자와 도서출판 삶이보이는창에 있습니다.
  저작권법에 의해 보호를 받고 있는 저작물이므로 양쪽의 동의 없는
  무단전재와 복제를 금합니다.
* 책값은 뒤표지에 표시되어 있습니다.

생각을
훔치다

김수열 시집

삶이보이는창

시인의 말

네 번째 '시인의 말'을 쓴다.

'시인의 말'이라 써놓고 보니
갑자기 먹먹해진다.

시를 들여놓기도 부끄러운 집인데
말에게도 방 한 칸 내주어야 하는지…….

숲에 드는 나이라지만
숲은커녕
나무 하나 풀 한 포기
제대로 보지 못하고 여기까지 왔다.

차례

시인의 말 • 5

제1부 생각을 훔치다

늙은 밥솥을 위하여 • 12
낮술 • 13
쉰 • 14
…그냥 …지난번처럼 • 16
과속방지턱 • 17
고등어를 굽다가 • 18
시를 쓴다는 일 • 20
사람이 시보다 크다 • 22
뒤늦게 니우스 • 23
다모아마트에 가야 한다 • 24
풀독 • 26
신호 대기 • 28
꼬리 • 30
강 • 32
마라도 유람선 • 34
생각을 훔치다 • 36

제2부 시가 사라졌다

내리사랑 • 38

새 • 40

어머니의 전화 • 41

밤고냉이 • 42

매제 • 43

고맙다, 는 말 • 44

유언 • 46

달과 박 • 47

시가 사라졌다 • 48

샌들 • 49

내 마음의 지도부 • 50

슬프지 않다 • 52

T11 • 54

그 손의 이름을 물을 수 없었다 • 56

비 오는 날 • 58

할망 하르방 • 60

그래도 믿어야지요 • 62

여름날 오후 • 64

깨밭 • 66

제3부 차르륵! 차르륵!

산벚나무 그늘 아래서 • 68
봄길에서 • 69
억새에 관한 망상 • 70
따라비오름에서 • 71
낙엽 • 72
초가 • 73
나무는 겸손하다 • 74
절물 까마귀 • 75
곶자왈 동백 • 76
수선화 • 78
풀빛 • 79
대맹일 써사 헌다 • 80
판결 • 81
해안 도로에서 • 84
겨울산 • 86
서모봉 쑥밭 • 88
잔칫날 • 90
일강정이 운다 • 92
모를 것이다 • 94

차르륵! 차르륵! • 96
이제는 함께해야지요 • 97

해설__ 지천명의 인식적 전회, 그 시적 성취 | 고명철 • 101

제1부 생각을 훔치다

늙은 밥솥을 위하여

한땐 그랬다
저 밥솥처럼 씩씩거리다가
더 내지를 소리 없어 숨이 막힐 즈음이면
마지막 탄성으로 뜨거운 콧김 길게 내뿜고는
언제 그랬냐는 듯 다소곳해졌다

이젠 늙은 밥솥을 이해할 나이
겉은 제법 번지르르하나
속내 들여다보면 부실하기 짝이 없다
콧김은 잦아들고
잠잠한 시간은 점점 길어졌다
고슬고슬한 밥은 간데없고
늘 타거나
설었다

늙은 밥솥 하나
흐린 정물처럼 고즈넉하다

낮술

인생에게 질 준비가 되어 있는 사람은
비 내리는 낮술을 안다

살아도 살아도 삶이 내게 오지 않을 때
벗이 있어도 낯설게만 느껴질 때
나와 내가 마주 앉아 쓸쓸한
눈물 한 잔 따르는

그 뜨거움

쉰

혼자서는 갈 수 없는 줄 알았다
설운 서른에 바라본 쉰은
너무 아득하여 누군가
손잡아주지 않으면 못 닿을 줄 알았다
비틀거리며 마흔까지 왔을 때도
쉰은 저만큼 멀었다

술은 여전하였지만
말은 부질없고 괜히 언성만 높았다
술에 잠긴 말은 실종되고
더러는 익사하여 부표처럼 떠다녔다

여기까지 오는 동안
몇몇 벗들은 술병과 씨름하다
그만 샅바를 놓고 말았다
팽개치듯 처자식 앞질러 간 벗을 생각하다
은근슬쩍 내가 쓰러뜨린 술병을 헤아렸고

휴지처럼 구겨진 카드 영수증을 아내 몰래 버리면서
다가오는 건강검진 날짜를 손꼽는다

…그냥 …지난번처럼

미장원 가는 길은 아무래도 낯설다
차례 기다리면서 시선 둘 곳 몰라
표지 떨어진 월간지만 보고 있는데

"이쪽으로 오세요.
어떻게 해드릴까요?"

'잘 해주세요' 라고 말할까 하는데
멋대가리 없이 새 나온 말
"…그냥 …지난번처럼"

내 머리를 지난번으로 돌려놓는 사이
한 발짝도 나아가지 못하고 나는
그냥 되돌아간다

살다 보면 닮는 걸까 아내도
그냥 지난번처럼이 좋다 한다

과속방지턱

나이를 먹다 보면 말이야
머리와 발이 따로 놀고
가슴과 아랫도리가 하나가 아닌 거라
생각 같아선 박지성이 부럽지 않지만
십 분만 뛰어봐, 하늘이 노래
오장 쓴 물까지 나온다니까
생각으로야 단번에 설 것 같지만
막상 뛰어봐, 한 게임도 숨차
문전만 어지럽히다 말거든
멀리는 머리와 발 사이
가깝게는 가슴과 아랫도리 사이
그래서 과속방지턱이 있는 거라
한꺼번에 넘지 말라고
한번쯤은 생각하고 넘으라고

왜, 내 말이 우습냐?
한잔 따라봐

고등어를 굽다가

등 푸른 고등어 한 손 사다
절반은 구이용으로 패싸고
나머지는 조림용으로 토막 내고

불판에 올려 고등어를 굽는다
적당히 달구어 뒤집어야
유연한 몸매 그대로 살아
푸른 물결 찰랑이는데
대책 없는 서툰바치
뒤집을 때마다 몸통 갈라지고
머리통 떨어져나간다
능지처참이다

사람 만나는 일
더도 덜도 말고 생선 굽듯 하라는데
얼마나 많은 사람 망가뜨리면서
나는 여기까지 왔을까

또 얼마나 많은 사람 무너뜨리면서
남은 길 가야 하는가

시를 쓴다는 일

이름만 대면 다 아는
선배(아니, 선생뻘 되는) 시인과
우연히 통화하다 한 말씀 듣는다

많이 써
되든 안 되든 많이 써
요즘 시인들 너무 안 써
쥐어짠다고 시가 되나
쓰다가 안 되면
그것도 시야

'그것도 시야' 라는 말 다음에
물음표가 온 것도 같고
느낌표가 온 것도 같고

술은 아직 깨지 않고
모의고사 감독을 하는데

미끄러지듯 답안을 써나가는 아이를
물끄러미 바라보다가 나도
문제지 여백에 되든 안 되든 써볼까 하는데

내가 참 안쓰럽기도 하고
아이들이 부럽기도 하고

사람이 시보다 크다

얼마 전 시인들끼리 송년 자리에서 술잔 기울이는데 한 후배가, 형은 詩가 커 보였는데 이제는 사람이 더 커 보인다 하길래 원래 크니까 그런 게 아니냐며 대수롭지 않게 받아넘기고 뿔뿔 헤어져 돌아오며 그 말 곱씹어보는데

갈수록 詩가 시답지 않다는 젠지 아니면 詩가 몸을 몸이 詩를 못 따른다는 젠지 그도 아니면 성장 발육 멈춘 지가 하세월인데 느닷없이 더 커 보인다는 건 대체 뭔 소린지, 하는 비틀비틀한 생각으로 지하 주차장에서 계단으로 들어서는데

쿵, 하고 천장 들보에 정수리를 받히고서야 확 깨닫는다

그래 나, 크다

뒤늦게 니우스

 중국에서 독성 물질 멜라민으로 첫 사망자까지 나왔지만 "문제의 분유는 국내에 수입되지 않았다"며 무대응으로 일관해온 식약청이 **뒤늦게** 조사에 나섰습다 수입은 **뒤늦게** 금지됐지만 수입금지품목의 2/3에 해당하는 이백오십여 제품들의 상당수는 여전히 유통되고 있습다 **뒤늦게** 소식을 접한 한 가정주부는 "마음고생 끝에 **뒤늦게** 아이를 낳아 기르는데 당국이 너무 **뒤늦게** 조치를 취해 울화통이 치민다"며 정부 당국에 **뒤늦게** 강한 불만을 나타냈습다 한편 외국에서 수입된 물고기용 사료에서도 멜라민이 검출된 것으로 **뒤늦게** 확인됐습다

 다음 소식입다 강원도의 한 경찰서장이 직원들에게 '원산폭격' 얼차려를 준 사실이 **뒤늦게** 알려져 논란을 빚고 있습다

다모아마트에 가야 한다

하나로마트가 들어서기 전만 해도
월드마트가 들어서기 전만 해도
아파트 입구 다모아마트는
그나마 잘나가는 마트였다

원래 슈퍼였는데
여기도 마트 저기도 마트 하니까
덩달아 마트 간판을 떡, 걸었는데
마트도 다 마트가 아닌가 보다
바로 옆에 24시 편의점이 들어선 후로
이건 더욱 아닌가 보다

아내만 해도 그렇다
가격도 그렇고 신선도도 그런데
아무리 옛정이라도 그렇지 하면서
다모아 지나 하나로 월드로만 다닌다

그래, 하는 수 없다
동네 사람들 다 모아 갈 수 없다면
나라도 가는 수밖에
하나로 가는 게 무조건 옳은 길이고
월드로 나가야 반드시 사는 길이라 해도
나만은 다 모아 가는 길을 가겠다

맥주 한 병 담배 한 갑이면 어떤가
다 모아 가지 못하는 미안함을
그 옛정을 이렇게라도 전할 수밖에

풀독

모듬벌초 마치고
무성한 나무들의 가지를 친다
목백일홍에 피가 맺히고
정동 덩굴이 비명을 지른다
나무와 나무 사이
밤새워 만든 거미집은 흔적조차 없다

거미도 보이지 않는다

여리고 순한 것들은
생의 마지막 순간에 독을 뿜는 것인가
내 모가지와 팔다리가 온통 풀독이다

낫과 톱을 쥐었던 손으로
따끔하고 간지러운 것들이 타고 오르는데 나도
독이 올랐는지 마음은 오직
저 순하고 여린 것들의

숨통을 끊어야 한다는 생각뿐

거미의 행방은 묻지 않는다

신호 대기

트럭 짐칸 층층이 쌓아 올린 철망집
몸 뒤척일 틈 없이 개들이 실려간다
늘어진 혓바닥 위로 햇살이 내린다

위에서 내리는 물컹한 것이
주둥이에서 흐르는 끈적한 것과
뒤범벅이 되건 말건 개들이
철창 밖을 무덤덤 응시하는 동안 나는
불현듯 저 갈빗살에 된장 발라
술잔 꺾는 일을 생각하다가

아마 저들도 도로에 늘어선
고깃덩어리들을 그윽이 내려다보면서
저 비갈비갈한 살코기 푹 고아
밥 한 그릇 뚝딱 해치우는 꿈을 꾸겠지 하고
생각하는 사이

어느덧 신호가 바뀌어
개 실은 차는 비보호 좌회전으로 멀어지고
어깻죽지 위로 다시 햇살은 내리는데
가야 할 길이 직진인지 우회전인지
아니면 개의 길인지 그만
길에서 길을 잃고 만다

꼬리

계절이 깊어갈수록
밤잠 설치는 날이 늘어간다

보일러 터진 집에
세 들어 사는 부모 생각
서방 죽어 빚더미에 앉은 누이 생각
이런 생각 저런 생각
그날 생각

꼬리가 꼬리를 물고
물린 꼬리가 다시 꼬리를 무는
긴
겨울밤

이리저리 뒤척이다 보면 꼬리는
새벽별을 물고 아침을 물고
아침은 다시 낮달의 꼬리를 물고

계절이 깊어갈수록
꼬리가 늘어만 간다

강

강,
하고 부르면
입안 가득 찰랑거리다
은은한 물비늘로 되울려오는

이미
오래 전이었으나
한시도 잊은 적 없는
첫 포옹 같은

어머니,
하고 부르면
온통 그리움으로 환하다가
돌아서면 못내 아련해지는

살아 있는
온갖 것들 품고

어김없이 마른 가슴 열어

빈 젖 물리는

강

마라도 유람선

마라도 유람선에 오르시걸랑
인품이나 체면 따윈 잠시 접어두시라
섬에서 섬까진 고작 이십여 분
마이크 잡고 너댓 곡 부르면 딱 맞을 시간
팔도에서 찾아온 낮술 불콰한 꽃바람 여인들이
립스틱 짙게 바르고 연하의 남자에게
백만 송이 장미로 갈색 추억을 선사할지니
남정네들은 뱃멀미에 그만인 박수나 짝짝 치면서
마른오징어에 맥주나 한 캔 하시라
술김에 손 번쩍 들었다가는
이틀이 멀다고 노래방 출발하여
가라오케 찍고 단란주점 돌아야 집에 기어드는
당신의 일상이 시시콜콜 까발려지면서
매일 밥하고 빨래하고 청소하는
대한민국 여인들을 눈곱만큼도 배려하지 않는
파렴치범이 되기 십상이니
정 나서고 싶으면 그 자리에 서서

아싸 아싸 추임새나 하면서 몸만 흔드시라
끝으로 시방 내가 최우수상이다 싶은 여인은
그야말로 기대하시라
선상 노래방 마스터 겸 입담 좋은 유람선 승무원이
개당 오백 킬로가 훨씬 넘는 선착장 방파석을
상품으로 드릴 것이니 절대 사양하지 말고
고향길 가볍게 들고 가시라

생각을 훔치다

꽃은
하늘 올려다보면서

올까
말까

비는
땅을 내려다보면서

갈까
말까

제 2 부 시가 사라졌다

내리사랑

오랜만에 겸상을 한다

쉰 안 된 나이
돋보기 없으니
어미의 잔주름
하나도 안 보이는데

여든 다 된 나이
돋보기 없이도
자식의 새치
잘도 잘 센다

어미는 빈 젓가락 들고
요것도 먹어보라
요것도 먹어보라 하는데
자식이란 놈은 손사래 치면서
됐수다

됐수다

새

팔순 고비에서 어머니는
속엣것들을 다 비워내고
새가 되려 하신다

모이 한 줌
물 한 모금

어머니에게
푸른 하늘은커녕
잠시 쉬어갈 나무도 못 되다니!

어머니의 전화

 양지공원에도 못 가보고 집이서 귀양풀이 헌 덴 허영게 그딘 가봐사 헐 거 아닌가? 기여게 맞다게 얼굴 보민 속만 상허고 고를 말도 없고…… 심방어른이 가시어멍 거느리걸랑 잊어불지 말았당 인정으로 오천 원만 걸어도라 미우나 고우나 단사운디 저싱길 노잣돈이라도 보태사주 경허고 영개 울리걸랑 촘젠 말앙 막 울어불렌 허라 속 시원이 울렌허라 쉐 울듯 울어사 시원해진다 민호어멍 정신 섞어정 제대로 울지도 못 해실거여 막 울렌허라 울어부러사 애산 가슴 풀린다 울어부러사 살아진다 사는 게 우는 거난 그자 막 울렌허라 알아시냐?

밤고냉이

영면永眠의 시간이 다가올수록
잠은 오지 않는 것인가

낮잠이 있는 것도 아닌데
늙은 아비는 어디선가 잠을 잃었다

그런 아비를 두고 어미는
병든 밤고냉이 같다 한다

방구석에 등불 하나 켜놓고
꼼지락 꼼지락 꼼지락

가끔은 깜깜한 부엌에 들어
딸그락 딸그락 딸그락

매제

사람에 대한 시를 쓰고 싶었다
매제에 대해 우선 쓰고 싶었다

매제는 지금 여기 없다
계절이 멈춰선 곳에서 그는
두고 온 아내와 아이들과 술벗들 떠올리면서
수박 묘종을 심고 있을 것이고
하루의 노동이 끝나면 지상을 내려다보면서
이따금 나에 대해서
겨울 문풍지 같은 섭섭함 안주 삼아
쓴 소주잔 기울이고 있을 것이다

고맙다, 는 말

위장의 절반 잘라낸 아버지가
병상에서 눈뜨며 처음 하신 말
고맙다

어쩌다 가끔
세 들어 사는 집에서 백세주 한 잔
홍시 하나 건네받으면서도
고맙다

가는귀에 전화 걸어
찾아뵙지 못해 죄송하다
식사는 잘 하시느냐
이는 좀 괜찮으시냐 물어도
고맙다

소식이 뜸하다 싶으면
어김없이 먼저 걸려와

차조심허라
몸조심허라
하면서 마지막 건네는 말
고맙다

고맙다, 는 말
아버지는 내게 너무 가까운데
나는 아버지에게 왜 이리 먼지

유언

빈손이니 남길 것도 없다
문드러진 몸뚱이 필요하다면
두고 가겠다
땅속이든 불구덩이든 부질없다
죄짓는 일이다

기일 돌아와도 부산 떨지 마라
밥상에 숟가락 하나 더 얹고
커피 한 잔 담배 한 개비면 그만이다
새겨들어라

문밖에서 기다리고 있다
배웅하지 마라

혼자 가마

올 때처럼

달과 박
―강요배의 그림에서 백석의 시가 스치다

달과 박 사이가 멀다

아니다

박과 달 사이가 가깝다

아니다

달인 듯 박이고
박인 듯 달이다

목을 맨 젊은 여인의 흰 넋
옛집 위에 푸르스름 앉아 있다

시가 사라졌다

사진작가 강정효 선생이랑 문충성 시인의 시비 담으려고 신천지미술관을 찾았는데 미술관 자리엔 웬 공룡들이, 티라노사우루스 트리케라톱스 브라키오사우루스 스테노니코사우루스 이구아노돈 힙실로포돈, 이런 것들이 이미 점령하고 있었다 그 사이를 지나 시가 있는 동산에 갔는데 하, 詩가 사라졌다 문충성 김소월 윤동주 서정주 신경림 아무도 없다 시인들이 앉았던 자리만 스산하다

허탕 치고 나오면서 시인은 비교적 식물성이니 초식 공룡의 짓일까 생각하다가 시인도 동물이니 육식공룡의 짓이다 하다가 아니다 만만한 게 시인인데 육식 초식 가렸겠냐는 다소 허튼 아니 소태 같은 농을 주고받으며 우리는 공룡 아가리 속으로 걸어가고 있었다 터덜터덜 투덜투덜

샌들

 베트남 호찌민 시 근처 구찌 땅굴 구경하다가 전시용인지 판매용인지 호 아저씨가 미군 트럭 타이어로 손수 만들어 전쟁 중에도 주석이 된 뒤에도 신고 다녔다던 호찌민 샌들이 걸려 있어 살까 말까 망설이다 그냥 돌아서는데
 안내원으로 보이는 정복 차림 젊은이 그런 샌들 신고 있길래 손으로 가리키며 '아, 저 샌들' 했더니 그 양반, 샌들 바닥 들어 보이며 한마디 던진다

 이거? 금호타이어

내 마음의 지도부

송경동 시인은
「점거는 끝나지 않았다」라는 시에서
'투쟁하는 이들이야말로 나의 진정한 지도부'
라고 썼다(아니, 고백했다)

하도 그럴듯하여 나도
'내 마음의 지도부는 송경동'
이라고 쓸까(아니, 고백할까) 하다가

오늘도
용산에서 기륭에서 광화문에서
불의와 자본과 탄압에 맞서 싸우는
그 선한 얼굴이 눈에 밟혀
슬그머니 접고 말았다

'진정한 시인이란 시를 버릴 줄도 아는 사람'
이라 말하는 송경동을 안다면

그에게만큼은 거짓되어선 안 되겠기 때문이다

슬프지 않다

관덕정 뒷골목 막걸릿집 이름 빌려
『삼돌이네 집』이라는 시집을 낸 경훈이가
민족극한마당인지 민족술한마당인지
딴따라 행사를 전후좌우 하여
내리 열흘 술술 마시더니 급기야는
얼굴에 똥 피고 췌장에 염증 생겨 입원하게 됐는데

담당 의사
입에 거품 물고
앞으로 술은 독약!
이라는 말에 병실에 누워 천장 보며
눈만 껌벅이던 그 친구

허, 그거 첨
게민, 이참에 나도
술
끊

어
?
했다는데

나는
하나도 슬프지 않았다

T11

—바로 앞에 선수가 뛰고 있어요
—왼쪽으로 턴 합니다
—오른쪽으로 선수가 지나갑니다
—물 마실래요?
—거의 다 왔어요
—자, 힘내세요

앞을 전혀 볼 수 없는 선수와
신체 건장한 보조 선수가 끈으로 손목을 잇고
나란히 운동장을 달린다

텅 빈 관중석 한 편에선
듣지 못하는 사람들이 모도록이 모여
빈 페트병 치면서 목청껏 응원을 하는데

앞을 볼 수 있어도
늘 허방만 짚는 내가 부끄러우면서도

누군가의 손목을 잡고 나도
먼 길 갈 수 있었으면 하는
욕심도 한번 부려보는 것이다

그 손의 이름을 물을 수 없었다

베트남 꽝아이 외떨어진 바닷가 마을
우연히 만난 그 사람
키는 작지만 눈빛만큼은
별처럼 빛나던 그 사람
통일전쟁에서 한국군과 맞서 싸우다
한쪽 다리를 심하게 저는 그 사람
한국에서 왔다는 말에 덥석 손잡고
'한꿔 한꿔'
엄지손가락 치켜세우고
비좁은 골목 구석구석 안내하다
헤어지는 아쉬움에 차 한잔 하고 가라
손목 놓지 않던 그 사람
흙먼지 속으로 멀어질 때까지
하염없이 손 흔들던 그 사람

해거름에 탄타오 시인을 만나
그 사람 이름을 묻지 못했다 하니, 시인은

그 이름을 '꽝아이'라 하자 한다

강물은 쉼 없이 흐르고
별빛 또한 유난히 깊은 밤이었다

비 오는 날

수학 시험 볼 땐데요
아는 게 하나도 없는 거예요
아, 짱나

배 둘레만 알면 됐지
도형의 둘레랑 나랑
뭔 상관?

창밖엔 운수 좋은 날처럼
추적추적 비가 내리는데
틀렸다, 틀렸다 하면서
사선으로 내리는 거예요
아, 졸라

그런데요, 운동장 물웅덩이 보니까
맞았다, 맞았다 하면서
동그라미를 그리는 게 아니겠어요?

틀린 게 하나도 없어요
다 동그라미예요
다

선생님,
내 답안지가요
물웅덩이였음 졸라 좋겠어요
아, 진짜

할망 하르방

메역밭으로 새벽일 나간 할망이
해 뜨는 수평선 등에 지고 돌아온다
테왁보다 작은 할망이
은빛 물살에 밀려오고 있다

때를 맞춰 하르방은
빈 비료 포대 실은 경운기 탈탈탈 끌고 와
망사리 끈 풀어 메역을 담을 것이고
바다보다 싱싱한 고마운 것들을
해안가 볕바른 데 가지런히 널 것이다

메역귀 뜯어 허기 달랜 할망은
한라산 등에 지고 다시 메역밭을 찾아
한 번도 건넌 적 없는 수평선을 향해
하올락 하올락 나아갈 것이다

메역 널기를 마친 하르방은

숭숭 구멍 뚫린 돌담에 걸터앉아
점점이 멀어져가는 할망의 발길질을
가만히 바라볼 것이고

그래도 믿어야지요

어제 분향 갔다
자원봉사자들과 찐하게 한잔 했습니다
오늘 벌겋헌 눈으로
검은 리본 달고 교실에 들어갑니다

선생님 그게 뭐예요?
왜 했어요?
뭐라고 쓴 거예요?

망연히 서 있다가
작은 막대기로 탁, 탁, 교탁을 칩니다

자, 자, 조요옹
어제, 선생님은, 저 시청에 있는……

울컥, 말문이 막힙니다
또랑또랑한 것들 빤히 쳐다보고

뒷자리 덩치 큰 것들 소곤거립니다

노무현 대통령, 돌아가셨댄
겐디, 선생님이랑 뭐? 친척?

아이들 벌집처럼 웅성댑니다
주책없이 눈시울이 뜨거워집니다
철딱서니 없음에 부아가 치밀지만
그래도 믿어야지요

저 조막만 한 손이 촛불이니까요
저 순한 가슴이 민주주의니까요
저 걸음걸이가 우리의 내일이니까요

여름날 오후

아파트 옆 팽나무 그늘
오토바이에 리어카 매달고
상품이 못 되는 감귤 두 바구니
말라비틀어진 고구마 한 바구니
빨갛게 상기된 방울토마토 올려놓고
관절에서 쳇소리 나는 할아버지가
나무에 기대앉아 대파 손질한다
다듬다가 스르륵 모자 떨어지고
다시 쓰고 다듬다가 스르륵 떨어지고

빈 유모차 끌고 지나던 할머니가
노인네가 졸리면 들어가 자지
흉하게 뭔 꼴이여, 쓴소리 한바탕하고
좀 무안했던지 감귤 천 원어치 달라는데
다 보고 있지, 졸긴 누가 졸아
할망구 망령 들어 눈에 콩깍지 꼈나
천 원어치는 팔도 안 해, 하면서

검은 비닐 가득 유모차에 실어주는데

한 귀로 흘려들은 할머니는
이래가지고 어느 하세월에 다 해
뭐 해는 천장에 걸어 맸어, 하면서
나무 아래로 밍기적밍기적 들어와
대파 한 다발 끌어당기는데

이 광경을 지켜보던 팽나무
저 노인네들 또, 또, 또 저런다며
대파 향에 코끝이 간지러운지
연신 재채기를 해대는데
그때마다 푸른 바람이 살랑거렸고
파치 할머니도 고구마 할아버지도
방울토마토처럼 은근슬쩍
낯빛이 달아오르는 것이다

깨밭

 아이고, 선생님양, 요 노릇을 어떵허코양, 이디 학생덜이 담 넘어 댕기멍 이 깨밭 몬 볿아부런, 경 안해도 보름 탕탕 쳐부난 깨가 누원 속상헌디, 아 요놈이 애기덜이 넘어간다 넘어온다 허멍 몬 아부런, 그뿐이우꽈, 혼번은 남학생 서너이가 담 넘엉왕, 저 밭담에 곱안 담배 피왐십디다게

 우리 집안에도 선생이 다섯이고 가네덜도 다 부모 이신 아이덜인디, 영도 못 허고 정도 못 허고, 이걸로 참기름이나 뽑앙 아덜네 주카 허여신디, 이래 왕 봅서게, 이거 누게 코에 부치쿠과, 몬 쓰러젼게, 요 노릇을 어떵허코양

제3부

차르륵! 차르륵!

산벚나무 그늘 아래서

산벚나무 그늘에서
한 여자의 어제를 생각합니다

나의 어제는 바람이었습니다
귀 멀고 눈 아렸습니다

저만치 노을을 배경으로
붉은 등대가 있고
먼 길 채비하는 연락선이 있습니다

만남과 이별을 싣고 비행기가
허공을 가르며 사라집니다
그 여자도 멀어집니다

산벚나무 그늘 아래로
하르르 하르르 꽃비가 내립니다

봄길에서

어랑어랑 햇살아
탐스럽고 싱그런 모쉬들아 풀내음들아
그래도 순결한 곶자왈아
좌보미 백약이 베롱베롱 밭담들아
코끼리 삼킨 보아구렁이 일출봉아
진사대 조른사대 밀랑패랭이야

올망졸망 여린 앙가슴아
달랑달랑 여문 풋고추야
너희는 눈부신 봄이지만
나는 낙엽 지는 가을이다

억새에 관한 망상

 가을 햇살에 하늘거리는 억새를 두루미가 한꺼번에 비상하는 것 같다던 어느 동화 작가의 글을 읽으며 고개를 끄덕인 적이 있었던 것인데
 언제였던가 우리 대통령이 북측을 방문했을 때 공항에서 도로변에서 꽃을 흔들며 열렬히 환호하는 모습을 보고 불현듯 억새 같다는 생각을 떠올렸던 것인데
 그때마다 우리 대통령이나 북측 국방위원장이 억새들에게 손을 흔들어 답례하는 것을 보았던 것인데
 대천동에서 수산을 오가는 출퇴근길
 길섶에 도열한 수십 수백만의 열렬한 군중을 보면서 나도 모르게 자꾸만 손을 흔들었던 것인데

따라비오름에서

가을 오름길은 봄길과 달라
이대로 가면 먼 산에 닿을 것 같다
하늘문 향해 열려 있을 것 같다
길을 가노라면
섬잔대가 보랏빛 술잔 들고 뒤를 따르고
쑥부쟁이 아이고아이고 뒤를 따르고
소복 입은 물매화가 뒤를 따르고
바람 머금은 으악새
은회색 목청으로 어화 넘자 뒤를 따르고

길벗 말벗 술벗 있어
외롭지도 가난하지도 않다
따라비오름 따라 먼 길 나서면
거침없이 흐르는 갈바람 같다
하늘문 저편에서도
이승의 안부 물을 수 있어
마음 가득 햇살 출렁인다

낙엽

어미 몸통을 살리기 위해
제 숨통 끊고
미련 없이
툭
진다

어디쯤에선가 나도
졌어야 했다

초가

금방이라도
무너질 듯

처마 밑
새로 장만한
장작더미

그늘지는
산마을로
새 돌아온다

옥수수 타는 연기
사립에 가득하고

나무는 겸손하다

물오른 가지마다 새순 돋고
크고 작은 잎사귀들은
밥 짓는 소리 다투는 소리 흐느끼는 소리에
마음 열고 지상에서 가장 낮은 자세로
귀 기울인다

까치밥 남기고
무성한 잎사귀들을 내려놓을 즈음
그리움도 외로움도 안타까움도
가슴 깊숙한 곳에 묻어두고, 나무는
한때 세상을 향해 열어두었던 귀 닫고
동안거에 들어 묵언정진한다

나무를 알아도
그 마음 멀리하기에 사람들은
나무가 되지 못한다

절물 까마귀

서둘러 몸을 푼 것들 있을까
오랜만에 절물 찾았더니
삼나무 숲 그늘엔 숫눈 고요한데
복수초는 보이지 않고 까마귀들만
까왁 까왁 까왁 까왁

그래도 발품 팔다 보면 어딘가
철모르고 얼굴 내민 것들 있을까
오름길 오르내리며 기웃거리지만
복수초는 여전히 뵈지 않고 까마귀들만
까왁 까왁 까왁 까왁

복수초를 만나기엔 나는
너무 멀리 가버렸다고 생각하면서
약수터로 발길 옮기는데
먼저 와 목 축이는 까마귀 까마귀들만
까왁 까왁 까왁 까왁

곶자왈 동백

뾰족한 날엔 동백의 숲으로 가자
사위 하얗게 덮여도
활엽의 푸르른 것들이
싱그럽게 살아 숨 쉬는 곶자왈
아는 사람은 알고
모르는 사람은 모르는 거기
번잡한 마음일랑 먼물깍에 씻고
어린 콩짜개난들이 인사하는 숲에 들어
하얀 눈길 걷다보면
상처 입은 노루의 핏자국 같은
동백의 마음을 읽게 될지니

잠시 몸을 낮추고 들여다보면
붉은 그 마음 거기 있으리니
꽃의 혓바닥에 입맞춤하시라
한때 꽃이고 싶었고
언젠가 이렇게 지고 싶었다는 말은

가만 가슴에 묻으시라

그대 어깨 위로
꽃 지고 다시 피어도
마음 붉은 사람은 숲에 들 수 있으니
나오는 길은 잠시 잊으시라
눈은 내리고 내려
그대 흔적 위에도 내릴 것이니

수선화

몹쓸 병에 걸려 일찍 하직한
어느 사진작가에게 가려면 먼저
수선의 마음을 만나야 한다

삶이 늘 바람이었던 그가
깃들어 사는 집

그의 눈길 머물던 곳에
수선이 피고
그가 거닐던 발자국 위로
수선이 진다

죽어 빗돌도 없이
흙으로 돌아간 그가
저 꽃이다

풀빛

 주정 공장에 갇혀 하루 한 끼 배급으로 살았수다 징징대는 말젯거 때문에 어머닌 한 끼도 못 먹어십주 봄이 오고 날이 따뜻해지난 공일마다 목사가 완 뭐렌뭐렌 연설을 헙디다 줄지어 마당에 앉았는데 듣는 사람은 없고 하나같이 고개를 폭 숙인 채로 있는 거라마씀 연설이 끝나고 사람들이 일어서는데 어머니 입바위가 퍼렇허게 물들고 앉았던 자리엔 풀이 하나도 없는 거라, 풀이

 육십 년이 지났수다만 풀만 보면 풀빛만 보면 가슴이 철렁 내려앉아마씀, 이제도

대맹일 써사 헌다

 큰 공븨 허영 높은 책상 받아 아진 사름만 대맹일 쓰는 줄 알암시냐
 사름이나 괴기나 대맹일 써사 헌다
 생선국도 대맹이로 딸려사 허곡 자리냉국도 대맹일 써사 베지근헌다
 자리대맹일 그창 돌방애에 낳 닥닥닥닥 좀질게 모상
 콥대사니에 새우리에 산초에 조선된장에 조물조물 버무려사
 오목가심 써넝헌 냉국이 되는 거여 알암시냐
 허기사 자리대맹이만도 못헌 대맹이들이 수두룩인디 고랑 뭐헐꺼라
 앗아불라!

판결

피고 4·3은
그 실체적 진실이 12임에도 불구하고
아니다, 봉기다!
그렇다, 항쟁이다! 는 등
말뜻과 셈법을 심히 교란시켰을 뿐 아니라
육십갑자하고도 하세월 전에
그 수명이 다했음에도 불구하고
아니다, 끝나지 않았다!
그렇다, 시퍼렇게 살아 있다! 는 등
유언비어를 남발하여
어지러운 민심을 더욱 어지럽혔다

뿐만 아니라
코피가 나든 피똥을 싸든
붉은 피가 단 한 방울이라도 나온 자, 혹은
총 맞아 죽든 불에 타 죽든
좌우간 죽은 자는 무조건

순도 백 퍼센트 빨갱이가 되는
엄연한 진리를 망각하고 감히 어느 안전이라고
아니우다, 물질밖에 모르는 좀녀우다!
쇠 모는 테우리우다! 는 둥
몰상식한 위증으로 신성한 법정을
모독한 죄가 지엄한 바

피고 4·3에게
육십갑자 곱하기 육십갑자
더하기 가중처벌을 합하여
에, 육십 곱하기 육십은 삼천육백
더하기 삼십육 하면
어디 보자, 그렇지!
삼천육백삼십육 년 형에 처한다

탕!
탕!

탕!

해안 도로에서

스스로 낮아진 것들하고만
몸을 섞는 바다가
속살 뒤집어 하얀 무늬를 그리는 동안
물보라 위로 바닷새 한 마리 날았을까
사람의 기미는 보이지 않는다

불면 날아갈 듯 엉성한 해안 초소
귓바퀴 발갛게 달아오른 병사가
수평선에 걸린 낮달을 오래도록 바라본다

'5마리 만원'이라 적힌 골판지와
빨랫줄에 나란히 매달린 마른오징어들이
섣달 칼바람에 깃발처럼 팽팽하다

상복 입고 두건 쓴 아이가
과자 봉지 들고
구멍가게 나와 잽싸게 뛰어간다

바다가 오래도록 몸을 뒤치는 동안
겨울 해안 도로엔 짠바람만 우렁우렁 오갈 뿐
사람의 기미는 없다

겨울산

겨울산을 오른다는 건 나무가 되는 것
모든 겉치레를 벗어버린 나무가
그런 나무와 마주 서 있는 동안
나무와 나무 사이에서 나무가 되는 것
나무가 되어 나무의 마음을 엿듣는 것
가문 물소리에 대해
돌아오지 않는 새소리에 대해
임자 없는 무덤의 쓸쓸함에 대해

겨울산을 내린다는 건 바람이 되는 것
정처 없이 하늘을 떠돌던 바람이
곤한 몸을 지상에 내려놓는 동안
바람과 바람 사이에서 바람이 되는 것
바람이 되어 바람의 마음을 품는 것
서걱서걱 조릿대에 대해
풍화된 노루의 뼈에 대해
눈발을 숨긴 키 작은 구름에 대해

겨울산이 된다는 건
늙은 코끼리의 굽은 등이 되는 것

서모봉 쑥밭

함덕 서모봉
늦은 유채꽃에 취해
해안 능선 따라 걷다가 길섶
누군가 캐고 지나간 쑥밭
나도 쭈그리고 앉는다
한 줌 뜯어다 쑥국이나 끓여야겠다고
무심히 쑥 모가지 비트는데
발밑에 통곡 소리 낭자하다

낯선 이들이 들이닥치자 아비는
처자와 어린것을 돗통시에 숨겼고
아비 숨통을 끊은 대창들은 불콰한 낯빛으로
서모봉을 넘었다

통곡할 새도 없이
다른 대창들 들이닥쳤고 어미는
어린것을 치마 속에 숨겼다

나도 죽이라, 말이 채 끝나기도 전
치마폭으로 대창이 들어왔고
가랑이 사이에선 쿨럭쿨럭 어린 피가 쏟아졌다
오랏줄에 묶인 어미는 미친년처럼 후여후여
서모봉을 넘었다

노란 봄에 취해
한때 쑥밭이었던 서모봉을 내려오는데
뒤따르는 통곡 소리 통곡 소리
쑥 쥔 손이 너무 불편하다

잔칫날

―1950년 북촌

키 작은 먹구슬나무에
똥돼지 멱따는 소리 매달리고
조짚불에 터럭 타는 냄새 잦아들 즈음
두건 쓰고 행전 맨 아이들이
지난해 어멍 아방이
썩은 젓갈처럼 문드러졌던 학교 운동장에서
돼지 오줌보에 바람 담은 공을 머리로 받고
고무신으로 걷어차며 우르르 몰려다니고 있었다
씨 멸족한 집안의 아이들이야 상복은커녕
남들 다 쓰는 두건 한 번 써보지 못하고
기가 푹 꺾인 채 운동장 구석에 쪼그리고 앉아
누런 콧물만 훌쩍이고 있었지만

오늘은 잔칫날
곱디고운 이밥에 비갈비갈 돗궤기 양껏 먹는 날
어디 우리만의 잔칫날인가 바로 그날
싸락눈 귀싸대기 후려치던 날

밭담이며 고샅길에 널브러진
채 식지 않은 것들의 눈깔이며 살점
원 없이 뜯어 먹은 바람까마귀들이
초가지붕 퇴주 그릇 저승밥을
이집 저집 찾아다니며 마음껏 먹는 날
섣달 열여드렛 날

일강정이 운다

물 좋아 일강정
물 울어 일강정 운다
소왕이물 울어 봉등이소 따라 울고
봉등이소 울어 냇길이소 숨죽여 울고
냇길이소 울어 아끈천 운다
할마님아 하르바님아
싹싹 빌면서 아끈천이 운다

풍광 좋아 구럼비 운다
구럼비 울어 나는물 울고
나는물 울어 개구럼비 앞가슴 쓸어내린다
물터진개 울고 지서여 따라 운다
요노릇을 어떵허코 요노릇을 어떵허코
썩은 세상아 썩은 세월아
마른 가슴 써근섬이 운다

눈물바람 불 때마다

닭이 울고 쇠가 울고
강정천 은어가 은빛으로 운다
바다와 놀던 어린것들
파랗게 질려 새파랗게 운다
집집마다 노란 깃발
이건 아니우다 이건 아니라마씀
절대 안 된다고 손사래 치며 운다

물끄러미 보고만 있는
문섬아! 섶섬아! 범섬아!
아직도 말이 없는
파도야! 바람아! 청한 하늘아!

일강정이 울고 있다
구럼비가 울고 있다

모를 것이다

하늘길 바닷길 모두 끊겨
섬 아닌 것들 이미 섬을 비우고
섬 아닌 것들 섬으로 올 수 없을 때
모름지기 섬은 섬다워진다는 걸
뭍엣것들은 모를 것이다
섬의 숨통 곶자왈이
포클레인 삽날에 뭉텅뭉텅 잘려나가고
섬의 젖줄이 수많은 빨대로 빨려나갈 때
숨 가쁘고 목이 메어 섬은
그때마다 소 울음을 울었던 것인데

그 비새 같은 울음이
비구름 부르고 마파람 불러
한바탕 난리굿을 친다는 걸
섬답지 않은 것들은 모를 것이다
이대로 가다가는 섬도 삶도 없다며
댓잎 시퍼런 감상기 마구잡이 흔들면서

팔짝팔짝 들럭키는 사연을
뭍엣것들은 모를 것이다

비록 섬에 있어도 섬 아닌 것들은
정말 모를 것이다

차르륵! 차르륵!

학교 창고 닮은 덴데 조그만 방이 하나 이섰수다
물애긴 안고 세 살 난 건 업고 방에 들어강 전기 취조를 받아십주
양 손목에 전깃줄 감고 파시식! 파시식!
안 당해본 사람은 모릅니다
전기를 손으로 이래 확 돌리면 차르륵! 저래 확 돌리면 차르륵!
하도 여러 번 돌리니까 나중엔 안 돌려도 몸이 차르륵! 차르륵!
그때 숨통 안 끊어지난 살암십주
근데 이젠 바람이 불젠 해도 차르륵! 차르륵!
비가 오젠 해도 차르륵! 차르륵!
순경만 봐도 차르륵! 차르륵!
꿈에서도 차르륵! 차르륵!
침을 맞아도 단지를 붙여도 차르륵! 차르륵!
차르륵! 차르륵!

이제는 함께해야지요

무자년 겨울이었지요
아무 죄 없는 아버지의 아버지를 앗아간
칼바람에 질려 수평선으로 날아간 바람까마귀처럼
아버지는 아버지의 큰아들, 형님의 손을 잡고
한라산도 모르게 밤바다로 나섰지요
해산 날 기다리는 어머니에게
살아 있으면, 살아만 있으면 만날 거라며
어미 뱃속에서 세상 물정 모르고
발길질만 하는 둘째 부탁한다며
밀항선에 몸 실어 현해탄 건넜지요

그해 겨울
햇살 바른 동짓달 그믐날
아버지도 없이 형님도 없이
이웃집 삼신할머니 손 빌려
아버지의 둘째 아들, 형님의 동생은 세상에 나왔고
미역국 한 그릇 먹지 못한 어머니는

지아비의 행방을 대라는 토벌대 손아귀에
머리채 붙잡혀 어디론가 끌려간 후
지금껏 감감무소식입니다
무슨 연유인지 형님도 아버지도
소식 한 장 없습니다

형님,
다시 무자년입니다
4·3에 태어나 내 나이 육십
죽지 못해 살아온 세월입니다
간 날 간 시 모르는 어머니 위해
난 날 난 시에 향불 사릅니다
형님의 아버지,
얼굴도 모르는 내 아버지는
어디 계신지요
형님은 지금 어느 하늘 아래 계신지요

돌아오는 어머니 기일날
형님, 한라산으로 한번 오셔야지요
그래요, 기일이 아니면 어떻습니까
봄이면 유채꽃이 겨울이면 동백꽃이 형님을 맞겠지요
어머니의 품 같은 한라산이 형님을 안아주겠지요
그러니, 꼭 한번 오셔야지요
안 그래요, 형님?

해설

지천명의 인식적 전회, 그 시적 성취

고명철 • 문학평론가

김수열의 이번 시집 『생각을 훔치다』를 읽다가 문득 시인의 약력을 보고 싶었다. 약력 중 눈에 밟히는 것은 1959년생이라는 시인의 출생 연도인데, 그러고 보니, 이 시집은 그가 세상에 울음을 터트린 지 50년이 되는 해에 세상에 나온 셈이다. 이렇게 슬쩍 의미를 부여해서인지, 이번 시집은 김수열 시인이 한 자연인으로서 지천명知天命을 맞이한 그 어떤 삶의 오묘함과 비의성을 자연스레 드러내고 있다.

> 혼자서는 갈 수 없는 줄 알았다
> 설운 서른에 바라본 쉰은
> 너무 아득하여 누군가
> 손잡아주지 않으면 못 닿을 줄 알았다
> 비틀거리며 마흔까지 왔을 때도
> 쉰은 저만큼 멀었다
>
> ―「쉰」 부분

　시인은 "혼자서는 갈 수 없는 줄 알았"던 "너무 아득하여 누군가/ 손잡아주지 않으면 못 닿을 줄 알았"던 '쉰'에 이르렀다. 시인이 매만져온 그 숱한 삶의 결들에는, 민주화를 일궈내기 위한 역사의 격랑에 꽃다운 청년 시절

20대의 열정이 숨쉬며(1979~1989), 형식적 민주주의는 쟁취했으되 민주주의를 향한 길은 관념적 이상주의만으로는 이뤄낼 수 없음을 인식하는 기성세대로서 30대의 냉정이 남아 있으며(1990~1999), 민주주의를 뿌리내리기 위한 일상적 실천이 결코 쉽지 않다는 것을 알게 된 40대의 성찰이 짙게 배어 있다(2000~2008). 이게 어찌 김수열 시인만의 개인적 이력에 해당되는 것이랴. 김수열 시인과 같은 동세대의 중년들이 함께 견딘 역사적 감각과 인식들이 아니던가.

이렇게 역사의 격랑을 넘어오는 가운데 드디어 하늘의 뜻을 절로 알게 되는 '쉰'에 이른 시인의 내면은 어떨까.

> 불판에 올려 고등어를 굽는다
> 적당히 달구어 뒤집어야
> 유연한 몸매 그대로 살아
> 푸른 물결 찰랑이는데
> 대책 없는 서툰바치
> 뒤집을 때마다 몸통 갈라지고
> 머리통 떨어져나간다
> 능지처참이다

사람 만나는 일
더도 덜도 말고 생선 굽듯 하라는데
얼마나 많은 사람 망가뜨리면서
나는 여기까지 왔을까
또 얼마나 많은 사람 무너뜨리면서
남은 길 가야 하는가

— 「고등어를 굽다가」 부분

고등어를 제대로 맛있게 굽는 일은 녹록한 일이 아니다. 십중팔구 잘못 구우면, 고등어의 그 "유연한 몸매"는 온데간데없고, "머리통 떨어져나간" "능지처참" 된, 고등어의 형체를 도저히 알 수 없는 생선 쪼가리만이 남루하게 있을 뿐이다. 시인은 고등어 굽기를 통해 그동안 삶을 반성적으로 성찰한다. 혹, '나'의 삶은 크고 작은 목표를 달성하기 위해 뭇사람들을 만나면서, 고등어를 아무렇게나 굽듯 그들을 대하지 않았는가. 아직도 가야 할 삶의 여정은 길기만 한데, 또다시 그러한 불찰을 저지르지 않을까. '쉰'에 이른 '나'의 반성적 성찰은 예전보다 격정적이지 않되, "비 내리는 낮술"의 참맛을 알기에 이 반성적 성찰은 뻔한 계몽의 서정과 거리를 둔다. 낮술의 참맛은 "인생에게 질 준비가 되어 있는 사람"(「낮술」)이 잘 안다.

억지로 애써 인생을 이기는 게 아닌, 그동안 견뎌온 삶의 위엄을 존중하고 그 삶의 위의威儀에 진심으로 감복할 때 비로소 낮술의 참맛이 지닌 그 어떤 깨달음을 얻는다.

이 깨달음을 '쉼'에 얻었다는 것은 매우 중요하다. '나'는 이제야말로 삶의 범상한 진실의 가치에 주목하게 되었기 때문이다. 이러한 '나'의 시적 깨우침은 시를 쓰는 것 자체에 대한 기존 통념을 획기적으로 전회轉回시켜 인식하는 데서도 나타난다.

이름만 대면 다 아는
선배(아니, 선생뻘 되는) 시인과
우연히 통화하다 한 말씀 듣는다

많이 써
되든 안 되든 많이 써
요즘 시인들 너무 안 써
쥐어짠다고 시가 되나
쓰다가 안 되면
그것도 시야

— 「시를 쓴다는 일」 부분

'나'는 '좋은 시'를 써야 한다는 욕망과 강박중으로 인해 좀처럼 시를 쓰지 않는다. 그런데 선생뻘 되는 시인은 시를 계속하여 많이 쓸 것을 적극 권장한다. 그 과정에서 "쓰다가 안 되면/ 그것도 시"와 다를 바 없다는 깨우침에 '나'가 이르길 원한다. 꼭 세상에서 '좋은 시'를 써야만 하는 욕망으로부터 놓여나기를 그는 원한다. 직접 얘기하지 않았을 뿐이지 '쉰'을 넘어서는 시인에게 시란, 시인을 구속하지 않는, 그리하여 시로부터 해방된, 시가 아닌 것과 시인 것의 경계 구분이 없는, 시 쓰기의 자유자재의 경지에 이르기를 원한다. 기실, 이러한 시적 깨우침은 말처럼 쉬운 일은 아닐 터이다. 가령,

'진정한 시인이란 시를 버릴 줄도 아는 사람'
이라 말하는 송경동을 안다면
그에게만큼은 거짓되어선 안 되겠기 때문이다
― 「내 마음의 지도부」 부분

에서 짐작할 수 있듯, 시를 버리는 진정성이 '진정한 시인'에 위배되지 않기 위해서는 그러한 삶을 실천하고 있는 시인 송경동에게 떳떳해야 한다. 관념과 추상의 삶을 살지 않고, 구체적 삶의 현장 속에서 시에 구속되지 않

는, 그리하여 시가 지닌 시적 정치성과 구별되지 않고 시에서 뿜어 나오는 삶의 정치를 살고 있는 송경동에게 거짓으로 시를 버리는 행위를 보여서는 안 된다. 김수열 시인에게 시인 송경동은 개별 시인으로 인식되는 것보다 시적 정치성과 삶의 정치가 한데 어우러진 표상으로 자리 잡고 있다 해도 과언이 아니다.

시 전반에 대한 이와 같은 인식적 전회는 이번 시집에서 그의 고향 제주의 풍경에 대한 시편을 통해 읽을 수 있다.

메역밭으로 새벽일 나간 할망이
해 뜨는 수평선 등에 지고 돌아온다
테왁보다 작은 할망이
은빛 물살에 밀려오고 있다

때를 맞춰 하르방은
빈 비료 포대 실은 경운기 탈탈탈 끌고 와
망사리 끈 풀어 메역을 담을 것이고
바다보다 싱싱한 고마운 것들을
해안가 볕바른 데 가지런히 널 것이다

메역귀 뜯어 허기 달랜 할망은

한라산 등에 지고 다시 메역밭을 찾아

한 번도 건넌 적 없는 수평선을 향해

하올락 하올락 나아갈 것이다

메역 널기를 마친 하르방은

숭숭 구멍 뚫린 돌담에 걸터앉아

점점이 멀어져가는 할망의 발길질을

가만히 바라볼 것이고

— 「할망 하르방」 전문

  이 시는 제주의 험한 풍파를 견뎌온 할머니·할아버지의 하루 일과를 담담히 보여준다. 평생을 물질하며 살아온 할머니는 채취한 미역을 등에 지고 돌아오며, 그 남편은 채취한 미역을 "해안가 볕바른 데 가지런히 널"기 위해 "빈 비료 포대 실은 경운기 탈탈탈 끌고" 온다. 이렇게 그들의 고단한 일상은 쉼 없이 반복된다. 시인은 이 일상에 개입하지 않는다. 그들의 일상을 가만히 바라볼 뿐, 그 일상을 두고 이렇다는 둥 저렇다는 둥의 가치판단을 하지 않는다. 그들은 서로 너무나 잘 알고 있다. 바닷속 숱한 위험을 감내하며 물질을 해야 하는 가파른 삶과, 그러한 삶을 멀리서 지켜볼 수밖에 없는 또 다른 삶은 제주에서 '반농반어^{半農半漁}'의 삶을 사는 자들이 받아들여야 하는 일상 그 자체다. 제주의 험난한 역사를 조금이라도 알고 있는 사람들은 이 일상이 유지되는 것이야말로 제주의 평화스러운 모습임을 이해할 것이다. 특히 한국 현대사에서 망각할 수 없는 4·3의 역사를 떠올려보면, 「할망 하르방」에서 보이는 이 단조로운 반복적 일상이 왜 그토록 평화스러운 모습으로 보이는지 그 연유를 알 수 있다.

낯선 이들이 들이닥치자 아비는
처자와 어린것을 돗통시에 숨겼고
아비 숨통을 끊은 대창들은 불콰한 낯빛으로
서모봉을 넘었다

통곡할 새도 없이
다른 대창들 들이닥쳤고 어미는
어린것을 치마 속에 숨겼다
나도 죽이라, 말이 채 끝나기도 전
치마폭으로 대창이 들어왔고
가랑이 사이에선 쿨럭쿨럭 어린 피가 쏟아졌다
오랏줄에 묶인 어미는 미친년처럼 후여후여

서모봉을 넘었다

— 「서모봉 쑥밭」 부분

4·3의 역사적 참상은 제주인의 일상의 평화로움을 앗아갔다. 아비는 "처자와 어린것을 돗통시에 숨"기면서 목숨을 살려내고 자신은 무참히 죽어갔다. 그런데 가족의 비극은 여기서 끝나지 않는다. 간신히 살아남은 어미와 어린것은 아비의 주검을 놓고 "통곡할 새도 없이/ 다른 대창들"에 의해 치마폭에 숨긴 어린것의 무자비한 죽음으로 이어진다. 무자년의 제주는 살욕殺慾의 광기로 휩싸여 있었다. 대한민국이란 국가는 국가권력을 총동원하여 제주섬을 빨갱이섬으로 낙인찍고는 무차별한 폭압을 자행한다. 여기에는 인간 사회에서 통하는 상식이 전무했으며, 합법칙적 재판마저 이뤄지지 않았다. 오직 신성한 무소불위의 국가권력의 위용만이 존재할 뿐, 그 어떤 무엇도 국가권력에 조금이라도 거스르는 말과 행동을 할 수 없었다.

뿐만 아니라
코피가 나든 피똥을 싸든
붉은 피가 단 한 방울이라도 나온 자, 혹은

총 맞아 죽든 불에 타 죽든
좌우간 죽은 자는 무조건
순도 백 퍼센트 빨갱이가 되는
엄연한 진리를 망각하고 감히 어느 안전이라고
아니우다, 물질밖에 모르는 좀녀우다!
쇠 모는 테우리우다! 는 등
몰상식한 위증으로 신성한 법정을
모독한 죄가 지엄한 바

피고 4·3에게
육십갑자 곱하기 육십갑자
더하기 가중처벌을 합하여
에, 육십 곱하기 육십은 삼천육백
더하기 삼십육 하면
어디 보자, 그렇지!
삼천육백삼십육 년 형에 처한다

탕!
탕!
탕!

― 「판결」 부분

국가권력은 "물질밖에 모르는 좀녀", "쇠 모는 테우리"를 모두 "순도 백 퍼센트 빨갱이"로 간주했다. 그리하여 국가권력은 그들에게 "삼천육백삼십육 년 형"을 언도한다. 이 수치가 단적으로 보여주듯, 4·3과 제주는 근대적 법치주의 밖으로 축출되어야 할, 그래서 분단의 형태로나마 만족하는 대한민국 건립에 눈엣가시였던 것이다. 4·3의 역사적 진실을 철저히 은폐하고, 4·3을 반국가적 폭도 세력의 이념적 폭력으로만 규정 내림으로써 4·3과 제주는 역사의 정당한 평가를 받지 못했음을 우리는 잘 알고 있다.

물론, 4·3은 지난 국민의 정부와 참여정부 시절의 적극적 노력을 통해 역사에서 정당히 평가받아야 할 역사적 위상을 지닌 것으로 복권된 것이 사실이다. 이제부터 4·3의 역사적 진실은 본격적으로 밝혀져야 하며, 4·3의 역사적 가치가 제주와 인류의 평화를 모색하기 위한 차원으로 심화·확산되어야 한다. 기회 있을 때마다 상기하는 말이지만, 4·3은 종결된 게 아니라, 지속적 탐구를 통해 혹시 우리가 망실할 수 있는 소중한 가치들을 새롭게 발견해야 한다. 말하자면, 4·3은 현재진행 중으로서 그 역사적 가치를 두어야 할 것이다.

여기서, 이번 시집에 실린 4·3 관련 시편 중 각별히 눈에 떠는 시들이 있다.

    학교 창고 닮은 덴데 조그만 방이 하나 이섰수다
    물애긴 안고 세 살 난 건 업고 방에 들어강 전기 취조를 받아십주
    양 손목에 전깃줄 감고 파시식! 파시식!
    안 당해본 사람은 모릅니다
    전기를 손으로 이래 확 돌리면 차르륵! 저래 확 돌리면 차르륵!
    하도 여러 번 돌리니까 나중엔 안 돌려도 몸이 차르륵! 차르륵!
    그때 숨통 안 끊어지난 살암십주
    근데 이젠 바람이 불젠 해도 차르륵! 차르륵!
    비가 오젠 해도 차르륵! 차르륵!
    순경만 봐도 차르륵! 차르륵!
    꿈에서도 차르륵! 차르륵!
    침을 맞아도 단지를 붙여도 차르륵! 차르륵!
    차르륵! 차르륵!

                                  — 「차르륵! 차르륵!」 전문

    주정 공장에 갇혀 하루 한 끼 배급으로 살았수다 징징대

는 말젯거 때문에 어머닌 한 끼도 못 먹어십주 봄이 오고 날이 따뜻해지난 공일마다 목사가 완 뭐렌뭐렌 연설을 헙디다 줄지어 마당에 앉았는데 듣는 사람은 없고 하나같이 고개를 푹 숙인 채로 있는 거라마씀 연설이 끝나고 사람들이 일어서는데 어머니 입바위가 퍼렇허게 물들고 앉았던 자리엔 풀이 하나도 없는 거라, 풀이

  육십 년이 지났수다만 풀만 보면 풀빛만 보면 가슴이 철렁 내려앉아마씀, 이제도

— 「풀빛」 전문

4·3은 현재진행태로서 쉼 없이 문학적 성찰의 과제로 늘 새롭게 접근해야 할 것이다. 위 두 편의 시에서 귀 기울여야 할 것은 4·3이 제주어로 현상되고 있다는 점이다. 중앙집권적 국가권력의 폭압에 무고한 죽임을 당한 제주인들 사이에 맺힌 원한을 자연스레 풀어내기 위해서는 중앙의 언어, 즉 표준어가 아닌 해당 지역의 언어로 풀어내야 한다. 표준어로는 도저히 포착할 수 없는, 국가권력이 자행한 폭력의 실태를 지역의 살아 있는 말들은 낱낱이 드러낸다. 그리고 표준어로써 표현해낼 수 없는 그 지역 사람들 고유의 분노, 슬픔, 원한의 파토스를 아주 적확하면서도 섬세히 잡아낸다. 폭력을 당한 자들의 언어를

통해 그 폭력의 실상을 드러내는 것이야말로 이후 4·3문학이 진지하게 숙고해야 할 문학적 탐구의 대상이란 점에서 김수열 시인의 예의 시편들은 주목하지 않을 수 없다. 특히, 전기 고문의 섬뜩한 공포를 견디며 그 무자비한 공권력의 탄압을 증언해 보이는 '차르륵!'이란 의성어, 'ㄹ/ㅁ/ㄴ'음의 유연하면서도 유장한 느낌을 갖도록 하는 음상音像을 통해 그 역사적 고통을 쉽게 망각할 수 없다는 제주인의 의지를 담대히 드러내는 제주어의 시적 효과는 4·3문학의 갱신을 위한 차원에서도 각별히 눈여겨보아야 할 부분이다.

그런데, 이러한 제주어의 시적 효과는 비단 4·3을 다룬 시에만 국한되지 않는다. 제주인의 삶과 죽음에 관한 시적 진실을 드러내는 대목에서 제주어의 매혹은 유감없이 발산되고 있다.

양지공원에도 못 가보고 집이서 귀양풀이 헌 덴 허영게 그딘 가봐사 헐 거 아닌가? 기여게 맞다게 얼굴 보민 속만 상허고 고를 말도 없고…… 심방어른이 가시어멍 거느리걸랑 잊어불지 말았당 인정으로 오천 원만 걸어도라 미우나 고우나 단사운디 저싱길 노잣돈이라도 보태사주 경허고 영개 울리걸랑 촘젠 말앙 막 울어불렌 허라 속 시원이

울렌허라 쉐 울듯 울어사 시원해진다 민호어멍 정신 섞어
정 제대로 울지도 못 해실거여 막 울렌허라 울어부러사
애산 가슴 풀린다 울어부러사 살아진다 사는 게 우는 거
난 그자 막 울렌허라 알아시냐?

— 「어머니의 전화」 전문

 시적 화자인 어머니는 전화로 민호네 귀양풀이(장례를 지낸 후 망자를 저승으로 보내기 위해 행하는 제주의 무속 의례)에 대한 당부를 한다. 자신이 직접 귀양풀이에 참여를 못 하니, 그 무속 의례에 참여하여 민호어머니로 하여금 마음껏 울어 망자에 대한 슬픔을 다 토해내야만 이후 삶을 살 수 있다는 것을 아들에게 주지시킨다. 이 어머니의 당부 전화 내용 역시 'ㄹ/ㅁ/ㄴ' 음의 음상으로써 삶과 죽음의 관계를 비의적으로 포착한다. 삶과 죽음은 분명 다른 것이되, 망자를 저승으로 보내기 위해서는 살아 있는 자의 슬픔이 극에 이르러야 하는데, 그 슬픔을 애써 참는 게 아니라 유장하게 넘쳐흐를 때 극에 이를 수 있다. 그럴 때 망자는 이승 사람의 행복을 위해서도 저승으로 편하게 떠나고, 살아 있는 자는 망자의 순탄한 저승행을 기꺼이 믿고, 이승에서 살아 있는 자의 삶을 살아갈 새로운 용기를 얻는다. 삶과 죽음에 관한 이 오묘함을 김수열 시인은

제주의 일상어를 통해 매우 자연스레 드러내고 있는 것이다.

어떻게 보면, 이러한 시 쓰기는 고향이 제주인 시인에게 너무나 당연한 일이 아니냐, 라고 할 수 있지만, 이번 시집에서 제주어를 자유자재로 구사한 시들은 제주의 토속성에만 함몰되는 게 아니라 그 토속성이 취하고 있는 세계보편성을 시적 형상화로 절묘히 끌어내고 있다는 점에서 주목하지 않을 수 없다. 시인 백석이 평북 지역어를 통해 한국시의 새로운 미적 근대성의 한 경지를 열어 보였듯이, '쉰'을 맞이한 김수열 시인이 획득한 제주어의 시적 성취가 한국시의 또 다른 미적 근대성의 경지를 열어 보였으면 하는 기대를 품어본다. 이후 김수열 시인의 시 지평에서 웅숭깊게 모색되어야 할 과제가 아닌가 싶다.

어쩌면, 이제 '쉰' 고개를 넘는 시인에게 너무 많은 것을 기대하는 것 자체가 반시적인 비평일지 모른다. 하지만 김수열 시인에게 거는 비평적 기대는 비평가의 행복이다. 그는 한국 사회의 온갖 문제투성이에 실망을 감추지 않음에도 불구하고(「뒤늦게 니우스」), 그가 가르치는 학생들이 농민들이 힘들여 가꾼 깨밭을 훼손하고 심지어 그 밭에서 일탈 행위를 함에도 불구하고(「깨밭」), 베트남 전쟁의 승리를 쟁취한 베트남의 혁명적 열정을 표상하는 호찌민 샌들이 지금은 관광용으로 팔리는 데 대한 씁쓸함에도 불구하고(「샌들」), 학생들이 아직 민주주의의 참 의미를 인식하지 못함에도 불구하고, 그의 "저 조막만 한 손이 촛불이니까요/ 저 순한 가슴이 민주주의니까요/ 저 걸음걸이가 우리의 내일이니까요"(「그래도 믿어야지요」)라는 믿음과 기대의 불길을 지피는 한, 그의 시 쓰기의 행보에 대한 비평적 애정은 쉽게 소멸될 수 없다. 뿐만 아니라 그에게는 아직 해결되지 않은 4·3의 역사적 과제와 이것에 대한 시적 과제가 있는 한(「이제는 함께해야지요」), 비평 역시 그의 시적 과제를 해결하는 데 뒷짐만을 질 수 없다.

김수열 시인은 한층 더 겸허한 시적 태도를 갖고 세계악世界惡을 응시하며 그것에 맞서는 시적 쟁투를 포기하지 않는다. 조바심을 내지 않고, 타자를 동일시하지 않으면서, 시에 붙들리지 않은 채 '지천명'의 참뜻을 시 쓰기를 통해 실천하고 있다.

> 물오른 가지마다 새순 돋고
> 크고 작은 잎사귀들은
> 밥 짓는 소리 다투는 소리 흐느끼는 소리에
> 마음 열고 지상에서 가장 낮은 자세로

귀 기울인다

까치밥 남기고
무성한 잎사귀들을 내려놓을 즈음
그리움도 외로움도 안타까움도
가슴 깊숙한 곳에 묻어두고, 나무는
한때 세상을 향해 열어두었던 귀 닫고
동안거에 들어 묵언정진한다

— 「나무는 겸손하다」 부분

 나무가 "동안거에 들어 묵언정진"하듯, 김수열 시인의 묵언정진은 "마음 열고 지상에서 가장 낮은 자세로/ 귀 기울"이는 일이다. 이번 시집의 밑자리에 흐르고 있는 시인의 시 쓰기는 바로 이러한 시적 태도에 있다. 시 쓰기를 통해 묵언정진하기. 김수열 시인에게 시 쓰기가 시가 쓰여지지 않는 것까지 두루 포괄하는 것이라는 점을 염두에 둔다면(「시를 쓴다는 일」), 묵언정진의 시학을 조심스럽게 기대해도 될 일이다.